Couvertures supérieure et inférieure
manquantes

# APPENDICE

## LETTRES DE TAMIZEY DE LARROQUE

### A Frédéric Donnadieu

I

Gontaud, 8 janvier 1885.

*Monsieur le Président et très honoré Confrère,*

Vous avez été bien aimable de m'envoyer votre belle brochure sur Bonaparte-Wyse. Décidément c'est de Béziers, cette année, que me viennent mes meilleures étrennes, car j'ai déjà reçu de votre cher et vénéré Secrétaire perpétuel un délicieux volume (1). J'avais déjà lu et avec beaucoup de plaisir, dans la *Revue des Langues Romanes*, votre remarquable étude sur le félibre irlandais. Je viens de la relire avec un nouveau plaisir dans le splendide tirage à part dont vous avez si gracieusement enrichi la collection d'un homme qui aime fort — l'avez-vous deviné? — le papier qui sonne

---

(1) Il s'agit du dernier recueil de poésies languedociennes, publié par Gabriel Azaïs sous le titre : *Lou Reprin (Le Regain)*.

sous le doigt du lecteur. Je vous remercie cordialement d'un don qui réunit toutes les qualités qui me plaisent le plus, et où, en un style excellent, vous faites admirablement connaître l'homme de cœur et de talent avec lequel j'ai passé à Roquefavour, en 1880, une journée qui comptera parmi les meilleures de ma vie. Je souhaite, mon cher Président, que vous trouviez, un jour, un biographe qui parle de vous avec autant de sympathie et avec autant de charme.

Quant au projet de publication des Poésies de Forcadel (1), *où sont les neiges d'antan?* La mort inopinée de mon pauvre ami Prosper Blanchemain a tout brisé, au moment où nous allions nous entendre avec Lemerre. J'avais fait faire à Paris une excellente copie du rarissime recueil de 1579. J'avais communiqué à mon cher collaborateur toutes mes notes recueillies un peu partout. Il avait déjà rédigé, soit à l'aide de ces notes, soit à l'aide des siennes, une Notice comme il savait les écrire, élégante, agréable. Qu'est devenu le manuscrit ? J'ai vainement demandé des nouvelles de tout cela à la famille. Madame veuve Blanchemain n'a permis à personne de toucher aux papiers de son mari. Je me suis discrètement incliné devant son refus et depuis lors, je vous l'avoue, je n'ai plus pensé à Forcadel, absorbé que je suis

(1) Les *Poésies d'Etienne Forcadel*, de Béziers (1534-1579), ont eu plusieurs éditions à Paris, à Lyon, Toulouse, etc. Un exemplaire de la dernière édition, publiée à Paris, en 1579, par le fils de notre poète et ayant appartenu à Charles Nodier a atteint successivement, en trois ventes, les prix de 59 fr., 270 fr., et 820 fr. Il est enfin porté à 1.000 fr. au 5e cat. des libraires Morgand et Fatout.

On voit par ces prix quelle doit être la rareté du volume qualifié, du reste, comme il convient, dans la lettre ci-dessus, et combien il est regrettable que le projet de réimpression Tamizey-Blanchemain n'ait pu aboutir. Les circonstances ne nous ont pas permis, jusqu'à présent, de déférer à l'invitation si aimable, mais beaucoup trop flatteuse, de T. de L. On verra, par des lettres subséquentes combien était délicate la reprise des négociations avec la famille de M. Prosper Blanchemain. L'occasion, qui a fait défaut jusqu'ici, se présentera peut-être quelque jour.

par la préparation de l'immense travail que nécessite l'édition de la correspondance de Peiresc. Reprenez notre beau projet, mon cher Président, c'est à vous qu'il appartient de réaliser ce que de douloureuses circonstances m'ont obligé d'abandonner, ce que vous ferez mieux que moi, mieux que personne.

Avec tous mes vœux, avec tous mes nouveaux remerciements, je vous prie d'agréer, très honoré confrère, l'assurance de mes sentiments les plus dévoués.

Tamizey de Larroque.

II

Gontaud, 2 mars 1885.

*Monsieur et cher Président,*

Vous me comblez de vos bienfaits et je ne sais plus comment vous exprimer ma reconnaissance. A peine vous avais-je remercié de votre *Bonaparte-Wyse* qu'il faut que je vous remercie de votre *Santo Mario del Soulel*. J'avais lu ces vers si gracieux dans la Revue qui me donne, tous les mois, des nouvelles de mes bons et aimables confrères du Midi en général, du Languedoc en particulier (1). Mais je suis bien heureux d'avoir pu les relire dans un exemplaire si coquet, si élégant réservé à de si rares bibliophiles. Cette

_______

(1) La *Revue des Langues Romanes.*

nouvelle et exquise attention, Monsieur et cher président, me rend confus et me fait regretter encore plus vivement de ne pouvoir vous faire obtenir ma copie Forcadel. Car, je ne dois pas vous le dissimuler, la démarche que vous allez faire sera fatalement stérile, si j'en crois du moins ce que l'on me racontait dernièrement encore de la farouche douleur de Madame Blanchemain. On m'assurait que, par une sorte d'incurable et jalouse manie, la pauvre femme s'obstine à ne vouloir laisser toucher un seul des livres de son mari. Rien, paraîtrait-il, ne peut triompher de ce qui chez elle est maladif. Je n'ai pas l'honneur de connaître Madame Blanchemain ; je sais seulement qu'à la mort de son mari, avec lequel je n'étais lié que par correspondance (car je l'avais rencontré une seule fois à Paris), elle m'écrivit une lettre vraiment déchirante. Elle habite..........
Je vous autorise à lui demander ma copie du recueil de 1579 et mes notes diverses qui, du reste, avaient été fondues par M. Blanchemain dans la Notice déjà prête pour l'impression. En parlant de moi à la désolée veuve, transmettez-lui, s'il vous plaît, l'hommage de mon profond respect et de ma profonde sympathie. Je voudrais de tout mon cœur que votre tentative fût couronnée de succès, car la possession de mon manuscrit vous déciderait peut-être à donner l'édition complète à laquelle j'avais pensé, et que votre grande modestie vous fait hésiter à entreprendre....... Nous avions signalé, mon cher collaborateur et moi, l'intérêt *historique* des poésies de Forcadel. Moi aussi, j'ai lu le recueil rarissime sous le regard plongeant d'un employé.........
Quant à m'occuper jamais de votre poète, cela ne me sera pas possible, je vieillis et j'aurai à peine le temps d'achever mes travaux commencés. A de plus jeunes et de plus méritants ma succession ! Je vous remercie, etc.

TAMIZEY DE LARROQUE.

### III

Gontaud, 17 mars 1886.

*Monsieur et très honoré Confrère,*

Votre *souvenir* m'est doublement précieux : il charme en moi le confrère que vous daignez ne pas oublier, il charme en moi le bibliophile qui a la passion des choses bien écrites et bien imprimées. Votre plaquette, magnifique par son papier et par ses caractères, est fort intéressante et fort instructive. Vous m'avez appris, en un style fort attrayant, une foule de particularités sur Fabre d'Olivet. Je me suis empressé de corriger, dans le *Dictionnaire Historique* de mon ami Ludovic Lalanne, la date inexactement donnée (là, comme partout, du reste), de la naissance de l'auteur des *Poésies Occitaniques.* Je vous dois des félicitations, Monsieur et très honoré confrère, de triples félicitations, car en vous le critique, le biographe et l'écrivain les méritent également et..... Je vous dois un remerciement particulier pour l'hommage si délicat et si poétique que vous avez rendu à notre cher Jasmin. Tout l'Agenais vous en saura gré à jamais.

De la Cour d'Amour du Verchant (1) revenons à Béziers:

(1) C'est au château de Verchant, près de Montpellier, devant les Félibres et Félibresses de Provence et de Languedoc, réunis en Cour d'Amour, que j'avais prononcé en languedocien l'éloge du très oublié

J'ai dans mes cartons quelques lettres inédites de votre grand helléniste Philippe de Maussac à Peiresc. Je voudrais, vers la fin de l'été, vous les offrir pour le *Bulletin Archéologique* (avec tirage à part). Mais, avant tout, je voudrais avoir quelques détails biographiques sur Maussac et son savant père, et quelques notes généalogiques sur sa famille. Pourriez-vous, d'après les livres et les manuscrits de la région, me procurer des renseignements plus étendus que ceux de la *Biographie Toulousaine*? Ne s'est-on pas déjà occupé des deux Maussac dans quelque étude locale non connue de MM. les biographes et bibliographes? Venez à mon secours, je vous en supplie, Monsieur et très honoré confrère, et avec mes remerciements agréez l'assurance de mes sentiments les plus dévoués.

Tamizey de Larroque.

(Pour répondre au désir exprimé dans la lettre précédente je priai nos deux confrères, M. Guéry, de Corneilhan, et M. le marquis de Saint-Geniez, de vouloir bien me communiquer, pour mon aimable correspondant, les renseignements et les documents qu'ils devraient avoir, le premier, par ses recherches dans les archives de Corneilhan, ancienne seigneurie de Maussac, le second comme descendant de cette même famille Baderon de Maussac. L'un et l'autre répondirent à ma demande avec une extrême obligeance. On en verra la preuve dans les lettres subséquentes. — F. D.)

Fabre d'Olivet qui fut le premier crayon en quelque sorte du portrait définitif consacré à cet écrivain de talent, à ce grand poète, dans mes *Précurseurs des Félibres*. (Paris, Quantin, 1888, gr. in-8° avec eaux fortes et portraits.)

IV

Gontaud, 8 avril 1886.

*Monsieur et très honoré Confrère,*

Merci de votre bonne lettre, de vos bonnes promesses, de vos bonnes indications. Merci de la brochure que vous avez eu l'amabilité de m'envoyer (1). Le tout m'a été bien agréable, bien précieux. Je vous prie de dire à notre confrère de Corneilhan combien je lui saurais gré de me faire profiter de ses recherches dans les archives de cette ville. J'espère qu'avec votre concours et le sien je pourrai ajouter pas mal de choses au peu que l'on sait de Philippe de Maussac. J'aurai soin de préparer mon travail assez tôt pour que la *Société* le reçoive à l'époque indiquée (2).

Je vous prie d'agréer, etc.

PH. TAMIZEY DE LARROQUE.

(1) Cette brochure m'avait été obligeamment communiquée par M. le marquis de Saint-Geniez et contenait des renseignements généalogiques nombreux et détaillés — quelques-uns même manuscrits, ajoutés par M. de Saint-Geniez — sur la famille des Baderon de Maussac (en Rouergue). Cette famille quitta le Rouergue par suite d'une alliance, vers le commencement du $xvi^e$ siècle pour aller se fixer à Corneilhan, près de Béziers.

(2) On verra par les lettres suivantes les diverses causes qui retardèrent l'achèvement de ce travail. Espérons qu'il verra *enfin* le jour avec a suite annoncée des *Correspondants de Peiresc*.

## V

Gontaud, 1ᵉʳ mai 1886.

*Cher monsieur, cher Confrère,*

J'ai l'honneur de vous renvoyer, avec des milliers de remerciements pour vous et pour M. le marquis de Saint-Geniez, la petite brochure annotée qui accompagnait votre aimable lettre. Je possède dans mon humble bibliothèque l'ouvrage de Barrau d'où est extraite cette brochure et j'ai pris copie des additions du si courtois descendant des *Baderon*. Mais je ne m'occuperai pas de la généalogie de cette antique maison ; je me contenterai d'indiquer quels furent les père et mère de Ph. de Maussac, et quels furent ses enfants, renvoyant pour le surplus à Barrau, complété par le marquis de Saint-Geniez. C'est vous dire que je n'accepte pas l'offre si gracieuse que vous daignez me faire d'aller relever l'épitaphe de la grand-mère de mon héros. Tout au plus pourrais-je dire, en une courte note, que cette épitaphe existe.

Nous reparlerons de la question Maussac à l'occasion des renseignements qui viendront de Corneilhan. Disons un mot de la question Forcadel.

Madame veuve Blanchemain est morte depuis quelques semaines, M. Paul Blanchemain, son fils et héritier, est au château de ....... Je n'ai pas l'honneur de le connaître, mais son père a dû lui parler quelquefois de moi. Si vous

allez jamais du côté de . . . . ., je vous autorise à demander
au fils de mon ami le manuscrit des poésies de Forcadel et
mes notes. Peut-être vous abandonnerait-on aussi la notice
préparée par M. Prosper Blanchemain, et que vous n'auriez
qu'à compléter d'après les archives biterroises. Puissiez-
vous réussir dans votre négociation ? -

Je vous remercie des extraits du Catalogue de votre homo-
nyme (1). Nous pourrons en reparler après vérification
dans mes cartons.

Votre tout dévoué confrère et serviteur,

PH. TAMIZEY DE LARROQUE.

(1) Il s'agit du Catalogue de lettres, d'autographes et de manuscrits
d'un grand collectionneur anglais de mon nom. En voici le titre com-
plet : « CATALOGUE OF HIGHLY INTERESTING AND VALUABLE AUTOGRAPH
LETTERS AND HISTORICAL, MANUSCRIPTS, BEING THE WELL KNOWN COLLEC-
TION OF MONS<sup>r</sup> A.. DONNADIEU, COMPILED BY MESS<sup>rs</sup> PUTTICK AND SIMPSON,
AUCTIONEERS OF LITERARY PROPERTY, 191, PICCADILLY.— MDCCCLI.»
In-4° de 166 pages, avec nombreux et remarquables fac-similés.
La page de titre porte l'hommage autographe suivant : *A Monsieur
Delande avec les compliments de A. Donnadieu, 7 août 1851.* »
Ce Catalogue, d'une richesse extraordinaire, comprend 1038 numéros.
Les numéros 751 à 755 concernent Peiresc et ce sont ceux que j'avais
signalés à T. de L. Je les reproduis ici, comme indication pouvant être
utile au continuateur de mon illustre correspondant :
751. — Peiresc (Nic, Cl. Fabri de), *linguist, antiquary.* — B. 1580,
d. 1635. A L. s., 6 pages folio, *to Holstenius,* Aix, nov. 28, 1628. *Interesting and scarce.* (C.-à-d. intéressant et rare ; suit une analyse en trois
lignes.)
752. — Peiresc, *Two autograph, copies of Letters on one sheet* (sur une
feuille), 3 pages folio, one to Holstenius, Avril 16, 1628, Mars 19, 1631
(suit analyse en 3 lignes).
753.— Peiresc. AL.s, 3 pages folio, *to* M. du Puy, juin 22, 1630. *A fine
specimen scarce.*
Citation en français de Peiresc en six lignes, et analyse en anglais
du reste de la lettre en quatre lignes.
754. — Peiresc. *AL. s.,* 2 pages folio, *to Holstenius, Boysgency,* nov. 7,
1630. Analyse de la lettre en quatre lignes.
755. — Peiresc. *Four long and interesting letters about that celebrated
Antiquary, addressed to Lord Buchan.*
Peiresc. MSS Sec, Ebeling, Erskine, Buchon, St-Vincent, Johnes,
Bute. A chacun de ces noms se trouvent des indications se rapportant à
Peiresc ou à ses manuscrits.)

## VI

Gontaud, 8 mai 1886.

*Très honoré et très aimable Confrère,*

Je ne manquerai pas de remercier publiquement, vous, M. Guéry, M. le marquis de Saint-Geniez. En attendant, je vous remercie tous ici à plein cœur, vous priant de transmettre à ces messieurs si obligeants et si gracieux l'expression de toute ma reconnaissance. Le travail de M. Guéry est très sérieux, très bien fait. Je n'utiliserai que ce qui regarde mon héros et son père. J'aurai soin de vous renvoyer ce travail avec mon manuscrit avant la fin de l'été.

N'écrivez pas à M. Paul Blanchemain. Il vaut mieux aller le voir. *Qui y bay y fay.* Si vous allez au château de Longefont, vous emporterez le manuscrit, j'en suis sûr. Une visite, quand elle est faite par un homme comme vous, est irrésistible. Une lettre, même tournée aussi bien que vous savez le faire, est souvent inefficace. Croyez-moi : *Forcadel* est à vous si vous daignez aller le chercher. Il me semble entendre la voix d'outre-tombe de l'ancien et si aimable châtelain de Longefont vous criant : *Viens le prendre.* Mille vœux pour votre futur voyage en Touraine.

Votre tout dévoué confrère,

TAMIZEY DE LARROQUE.

## VII

Gontaud, 15 novembre 1888.

*Monsieur et très honoré Confrère,*

. . . . . . . Ph. de Maussac dort toujours dans mes cartons.
J'attends, pour le réveiller, l'arrivée prochaine des manuscrits autrefois volés par Libri dans nos Bibliothèques et
rapportés de Londres par mon éminent ami, M. Léopold
Delisle. Ce dernier m'a promis de me donner communication *ici* des 800 documents inédits énoncés de Peiresc et de
ses correspondants, qu'il a eu la gloire de nous faire resti-
tuer (1). J'espère trouver dans ces 800 documents beaucoup
de choses nouvelles sur Maussac. C'est pour cela (car les
négociations de M. Delisle ont duré, certes, plus de deux
années) que je suis en si grand retard auprès de la *Société
Archéologique* de Béziers. Offrez mes explications et mes
excuses, je vous prie, à nos confrères et en particulier à
M. Guéry et dites-leur que dès que je serai en possession

_____________

(1) On sait combien furent longues et délicates les négociations de
M. Léopold Delisle avec le *British Museum* et le succès qui les cou-
ronna. Tous les bibliophiles, tous les lettrés doivent au premier admi-
nistrateur de notre Bibliothèque Nationale, une reconnaissance spéciale
pour ce service signalé.

de la *toison d'or*, je m'occuperai du grand helléniste. J'espère pouvoir vous adresser mon manuscrit avant le milieu de l'année 89.

Agréez, etc.

TAMIZEY DE LARROQUE.

P.-S. — Et ce pauvre Forcadel ? N'y songez vous plus ? Quel dommage ce serait pour lui et pour nous

## VIII

Gontaud, 3 mars 1891.

*Monsieur et cher Confrère,*

....... Je suis grandement en retard pour ce pauvre Maussac. Il m'a fallu achever la publication des *Lettres Peiresc-Dupuy*, et maintenant je prépare la *Table* de mon très gros in-4°. Besogne terrible et que je ne souhaiterais même pas à mon plus cruel ennemi, si j'en avais! Dès que le *forçat* sera *libéré*, il s'occupera du docte Maussac, et lui payera enfin sa vieille dette. Je n'oublierai, dans mes distributions, ni notre chère Académie, ni son Président, ni son Secrétaire, deux hommes trop aimables pour qu'on les oublie jamais.

Et vous, cher confrère, n'avez-vous pas quelque remords à l'endroit de ce Forcadel, que la fatalité poursuit évidemment, car après Blanchemain et son collaborateur, vous l'abandonnez aussi ? Et pourtant quel joli petit volume elzévirien il y aurait à lui consacrer.

Cordiaux compliments (1).


## IX


Gontaud, 20 décembre 91,


Monsieur et cher confrère, vous avez donc deviné que je viens d'être fort gravement malade et qu'il faut à ma convalescence des lectures faciles, agréables! Je vous remercie cordialement de votre double envoi. J'ai lu avec le plus vif intérêt votre parfaite traduction des deux remarquables fragments (2) et le brillant et si juste compte rendu de vos *Précurseurs* (3). Je félicite le vicomte de Margon de vous avoir si bien loué et vous, je vous félicite d'avoir reçu les éloges d'un critique aussi distingué. A mes compliments je joins mes vœux de bonne année, m'y prenant quelque peu à l'avance à cause de la faiblesse que me laisse ma maladie, faiblesse qui ne me permet d'écrire que quelques

(1) Ecrit sur une carte portant *Ph. Tamizey de Larroque, correspondant de l'Institut,* ce qui explique l'absence de signature.

Quant au Forcadel, je ne l'ai jamais abandonné *in petto*; mais le succès de la négociation étant subordonné (on l'a vu, Lettre VI) à une démarche personnelle auprès de M. Blanchemain fils, j'ai attendu l'occasion d'un voyage qui ne s'est pas encore présentée.

(2) Du *Breviari d'Amor,* de Matfre Ermengaud, notre troubadour biterrois.

(3) Les *Précurseurs des Félibres,* Paris, Quantin, 1888, gr. in-8°, avec portraits et eaux-fortes.

lignés à chacun de mes bons amis. Maladie et faiblesse vont bien retarder la publication des *Lettres de Peiresc*, dont le tome III allait paraître en cette fin d'année et aussi la publication des Lettres de ce pauvre *Maussac* que la fatalité semble poursuivre.

J'ai un autre méridional en vue, un Biterrois, l'abbé de *Croisilles*, et je voudrais vous demander — à vous et par votre intermédiaire à notre savant et obligeant confrère M. Soucaille — si l'on a quelques documents sur ce personnage dans les Archives ou les Bibliothèques de Béziers (acte de baptême, notes sur sa famille, etc )

Pardon et merci avec cordiale poignée de main aux deux aimables chercheurs.

**P.-S.** — Quels ouvrages de Croisilles possède-t-on à Béziers (1) ?

X

Pavillon Peiresc, par Gontaud, 12 juin 1893.

*Messieurs et chers Confrères* (2).

Permettez-moi, s'il vous plaît, de répondre à la fois à vos deux très aimables lettres. Vous m'avez l'un et l'autre donné avec une excessive indulgence des éloges (3) dont je vous

---

(1) Voir pour la réponse à cette question et aux précédentes au sujet de notre compatriote, *Croisilles*, ce que je dis dans mon Discours et la note T. de L.

(2) Au bas de la page est écrit : « A *Messieurs Donnadieu et Soucaille, Président et Secrétaire perpétuel de la Société Archéologique de Béziers.*

(3) Au sujet de son étude sur *Croisilles*, le Biterrois oublié.

suis très reconnaissant. Acceptez donc ensemble mes plus vifs remerciements.

A vous deux je tiens à dire aussi qu'il ne faut pas désespérer de voir paraître mon recueil de Lettres inédites de Maussac. J'espère bien que l'année 1894 ne s'écoulera pas sans que j'aie le plaisir de vous offrir ce nouveau fascicule des *Correspondants de Peiresc*. J'achèverai, dans les derniers mois de 1893 et dans les premiers mois de 1894, la préparation du tome VI des *Lettres de Peiresc* (on imprime le tome V et le tome IV vient de voir le jour) et je profiterai du second semestre pour donner enfin les lettres de votre cher compatriote Maussac avec celles de divers autres érudits languedociens. Il me faudra encore quelques recherches pour mettre le tout au point, mais ce sera l'affaire de quelques semaines. C'est donc un engagement formel que je prends devant vous de vous donner un petit volume avant la fin de l'année prochaine.

Un de vous m'a fait l'honneur de me demander quelques-unes de mes publications pour la bibliothèque de la *Société Archéologique*. Je suis très flatté de cette demande, mais je vais vous faire un aveu dépouillé d'artifice : j'ai la coquetterie de ne tirer qu'à très petit nombre et, de cette façon, mes brochures sont assez vite épuisées. J'avais; en mes débuts littéraires, eu l'imprudence de trop compter sur le succès.

> Jeune et dans l'âge heureux qui ne connaît la crainte,

Je demandai à mon imprimeur un tirage à 200. Mais quel soufflet reçut mon amour-propre ! J'eus la honte de trouver ma malheureuse brochure sur les quais de la Seine dans la boîte à deux sous, presque la boîte aux ordures ! Je fus guéri à jamais de l'envie de trop me multiplier. Depuis cette rencontre fatale, j'ai réduit considérablement tous mes tirages et de 200 je suis tombé à 100, parfois même à 50 ou moins encore. Mieux vaut *être épuisé* qu'être vendu à vil prix ! C'est pour cela qu'à mon très grand regret je puis seulement vous envoyer aujourd'hui trois opuscules, un qui vient de paraître à l'instant même, *Les Lettres de Ramond*, les deux autres qui sont de l'année dernière. Avec ces trois petites publications daignez faire agréer à la *Société Archéologique* les excuses du pauvre et agréez vous-mêmes,

Messieurs et chers confrères,

la nouvelle assurance de mes sentiments les plus dévoués.

PH. TAMIZEY DE LARROQUE.

## XI

Pavillon Peiresc, par Gontaud, 22 septembre 1876.

*Monsieur et cher Confrère,*

J'ai l'honneur de vous remercier de votre double envoi. La gracieuse fidélité de votre souvenir m'est très agréable… Votre *Discours d'ouverture* est très bien fait, très intéressant. Vous avez rendu un digne hommage à PIERRE BOUDARD, qu'appréciait beaucoup mon vieil ami M. d'Avezac (de l'Institut), lequel reprocha, un jour, dans la *Revue Critique* au très gascon *Bladé* d'avoir pillé, dans ses *Basques*, votre savant compatriote,

Vous lui fîtes, Seigneur, en le croquant, beaucoup d'honneur !

Je suis bien en retard avec notre ami J. Ph. de Maussac. Vous savez l'affreux malheur qui m'est arrivé l'an dernier. L'incendie de ma bibliothèque a coupé bras et jambes au plus malheureux des travailleurs qui est aussi un des plus dévoués de vos confrères et serviteurs.

T. DE L.

(A mes questions sur l'incident d'Avezac-Bladé-Boudard, T. de L. répondit, le 26 septembre, par une lettre des plus piquantes, et aussi flatteuse pour la mémoire de M. d'Avezac (*qui avait été presque un père pour lui, disait-il*) qu'elle l'était peu pour celle de M. Bladé. Elle se terminait par ce *post-scriptum* :

« Voici une petite épigramme destinée au buste de celui qui n'a ni beauté physique, ni beauté morale :

> *Le plus grand des blagueurs de toute la Gascogne*
> *Se met fort au-dessus de confrères qu'il cogne.*
> *Qu'a-t-il fait cependant ? — Le géant démarqua*
> *Montyon et Boudard, Auteserre et Marca.*

## XII

Pavillon Peiresc, dimanche matin (*P.-S. à ma lettre d'hie*<sup>r</sup>
*26 septembre 96.*)

Pardonnez, s. v. p. au plus distrait de tous les hommes
d'avoir oublié de vous envoyer ses remerciements et ses
félicitations au sujet de votre inscription si heureusement
déchiffrée (1)..... J'ai transmis l'*Eclair* à un membre de
l'Institut qui est un des premiers épigraphistes de notre
époque, mon cher confrère et ami M. Héron de Villefosse.
Je suis sûr que ma communication lui fera grand plaisir et
qu'il sera complètement d'accord avec vous sur l'interprétation et la restitution du souvenir lapidaire laissé chez la
fille de la grande Rome, dans cette petite Rome qui s'appe-
lait *Julia Beterra*.

(1) Il s'agit d'une inscription qui venait d'être trouvée à Béziers, et
dont on lira le texte et l'interprétation par M. Héron de Villefosse, dans
la lettre qui suit.

## XIII

Pavillon Peiresc, par Gontaud, 21 octobre 96.

*Mon cher Président,*

J'ai l'honneur de vous envoyer sous ce pli une lettre de
M. Héron de Villefosse qui vous intéressera vivement.
Vous admirerez à la fois le savoir et la modestie de l'éminent épigraphiste. Ce n'est pas le *gasconnant* personnage
dont nous parlions l'autre jour qui proposerait avec tant de
délicate réserve son interprétation..

Je vous serre affectueusement la main.

TAMIZEY DE LARROQUE.

19 octobre 1896

*Mon cher Confrère et Ami,*

Le fragment de Béziers me paraît pouvoir être ainsi réta-
bli, ou du moins on peut proposer de le rétablir ainsi :

C. CA*ecilius. c. f. pup.*
VENVS*tus iiiiii vir. augustalis*
MAG. COL*legii*........
PAVIM. MAR*moreum cum tectorio*
ET. IN. PAR. P. II D*e s. p. d. d.*

A la 3ᵉ ligne, il est impossible de proposer une restitution pour le nom du collège ; les inscriptions ne nous ont fait connaître aucun des collèges de Béziers.

Il est bien entendu que je propose ces compléments sous toutes réserves et uniquement pour répondre à votre demande.

Avec mes plus affectueux compliments,

A. Héron de Villefosse.

(J'avais communiqué notre inscription à T. de L. sans autre intention que de lui faire connaître, à lui des premiers, une trouvaille archéologique faite à Béziers. On a vu que c'était spontanément, de son propre gré qu'il avait eu l'idée de recourir aux lumières d'un éminent épigraphiste dont mon insuffisance n'avait que trop besoin, du reste, mais que je n'aurais pas osé invoquer. C'est une preuve nouvelle de la bonté innée de ce grand et charmant esprit, qui était aussi un grand et excellent cœur.

L'inscription ci-dessus, qui se trouve au Musée Lapidaire du cloître Saint-Nazaire, a été publiée dans notre précédent *Bulletin*.)

## XIV

Pavillon Peiresc, 5 octobre 1896,

*Monsieur et cher Confrère,*

J'ai l'honneur de vous remercier de vos trop aimables remerciements. Je suis bien heureux d'en avoir mérité une petite partie. Je ferai toujours tout ce que je pourrai pour être agréable à un aussi excellent confrère que vous. Je vais au sujet de mon trop délaissé Jacques-Philippe (mes prénoms) de Maussac, vous donner les explications que je viens de donner à M. Léon G. Pélissier, Secrétaire (et Directeur) de la *Revue des Langues Romanes*, lequel m'a interpellé en même temps que vous. J'ai été horriblement retardé en tous mes travaux par le désastre du 9 juillet 1895. J'ai été gravement malade pendant plusieurs mois, et c'est à peine si j'ai pu me ressaisir depuis quelques semaines. J'ai perdu tous les livres qui pouvaient favoriser mes recherches et une foule de notes amassées pendant un demi-siècle de labeurs non interrompus. J'ai sauvé, il est vrai, mes copies des documents peiresciens, notamment mes copies *Maussac*, mais en dehors de ces copies, j'avais à Gontaud tant de documents accessoires, surtout un catalogue analytique des Lettres non copiées, instrument de travail presque indispensable, que leur perte m'a profondément découragé. Je dois même vous l'avouer, j'avais pendant assez longtemps renoncé à la continuation de la série des *Correspondants de Peiresc*. Mais peu à peu l'énergie a reparu et je me compare maintenant au soldat désarmé qui s'obstine à lutter. Donc le vieux *lutteur* vous promet, comme il l'a promis au jeune et brillant professeur de Montpellier, de s'occuper de Maussac aussitôt qu'il aura un peu de liberté. Je m'étais mis tant en retard pour la publication des *Lettres de Peiresc* que j'ai été obligé de m'y consacrer exclusivement. L'Imprimerie Nationale me relance et me talonne quotidiennement. Je rame sur les galères de la R. F. (.........) en désespéré.

Quand j'aurai achevé mes travaux forcés, je reviendrai à mes premières amours, *les Correspondants de Peiresc* (car j'ai commencé par là et mon héros lui-même n'a eu mes hommages que dix ans plus tard). Rassurez, s. v. p., l'obligeant confrère (1) que vous comparez si spirituellement à la sœur Anne. Vous et lui vous aurez les deux premiers exemplaires du tirage à part (au plus tard pour vos étrennes de 1898).

Je vous serre affectueusement la main,

*Votre dévoué confrère et serviteur,*

Tamizey de Larroque.

--------

(1) M. Guéry, de Corneilhan.

## XV

Pavillon Peiresc, par Gontaud, 10 septembre 97

*Mon cher Président,*

Vous êtes bien aimable de vous souvenir de moi, qui, de mon côté ne vous oublie pas, ne vous oublierai jamais. Je vous remercie de vos deux brochures, qui, comme toutes vos précédentes publications, m'ont fort intéressé. Je ne manquerai pas d'appeler sur vos deux nouvelles *filles* l'attention des lecteurs de la *Chronique* du *Polybiblion*. Je prendrai bientôt ma revanche et j'aurai l'honneur de vous adresser ma plaquette *illustrée* qui aura quelque prise aux yeux de l'homme..... que vous êtes. Je ne vous en dis pas davantage.

Mon ami, le professeur L.-G. Pélissier, Directeur (en réalité) de la *Revue des Langues Romanes*, me presse fort de lui donner mon *Maussac* en 98. Je ferai tout mon possible pour que Béziers et Montpellier ayent *enfin* satisfaction à cet égard. Donnez-moi, s. v. p., des nouvelles de votre santé, etc., etc.

Je vous serre cordialement la main,

TAMIZEY DE LARROQUE.

Cette lettre étant la dernière que nous ayons reçue de l'illustre et regretté savant, nous ne savons quelle était la *plaquette illustrée*, annoncée de si alliciante façon. C'est un regret de plus à ajouter à tous ceux qu'éveille en nous la perte d'un si grand cœur uni à une si grande intelligence. En transcrivant ses lettres nous avons revécu, en son aimable et docte compagnie, de longues heures — et non les moins bonnes de notre existence. Les hommes du caractère et de la valeur de Tamizey de Larroque vivent encore avec nous après le tombeau. Ils nous ont laissé le meilleur d'eux-mêmes. Leurs écrits nous les montrent sans cesse dans la plénitude de leur rayonnement. En les lisant, ne sommes-nous pas comme enveloppés de leur douce présence ?

17 Mai 1899.